MW00899684

This Journal belongs to:

Date:

20..

20..

20..

20..

20..

Date:

20..

20..

20..

20..

20..

Date:

20..

20..

20..

20..

20..

Date:

20..

20..

20..

20..

20..

Date:

20..

20..

20..

20..

20..

Date:

20..

20..

20..

20..

20..

Date:

20..

20..

20..

20..

20..

Date:

20..

20..

20..

20..

20..

Date:

20..

20..

20..

20..

20..

Date:

20..

20..

20..

20..

20..

Date:

20..

20..

20..

20..

20..

Date:

20..

20..

20..

20..

20..

Date:

20..

20..

20..

20..

20..

Date:

20..

20..

20..

20..

20..

Date:

20..

20..

20..

20..

20..

Date:

20..

20..

20..

20..

20..

Date:

20..

20..

20..

20..

20..

Date:

20..

_____
_____
_____
_____

20..

_____
_____
_____
_____

20..

_____
_____
_____
_____

20..

_____
_____
_____
_____

20..

_____
_____
_____
_____

Date:

20..

20..

20..

20..

20..

Date:

20..

20..

20..

20..

20..

Date:

20..

20..

20..

20..

20..

Date:

20..

20..

20..

20..

20..

Date:

20..

20..

20..

20..

20..

Date:

20..

20..

20..

20..

20..

Date:

20..

20..

20..

20..

20..

Date:

20..

20..

20..

20..

20..

Date:

20..

20..

20..

20..

20..

Date:

20..

20..

20..

20..

20..

Date:

20..

20..

20..

20..

20..

Date:

20..

20..

20..

20..

20..

Date:

20..

20..

20..

20..

20..

Date:

20..

20..

20..

20..

20..

Date:

20..

20..

20..

20..

20..

Date:

20..

20..

20..

20..

20..

Date:

20..

20..

20..

20..

20..

Date:

20..

20..

20..

20..

20..

Date:

20..

20..

20..

20..

20..

Date:

20..

20..

20..

20..

20..

Date:

20..

20..

20..

20..

20..

Date:

20..

20..

20..

20..

20..

Date:

20..

20..

20..

20..

20..

Date:

20..

20..

20..

20..

20..

Date:

20..

20..

20..

20..

20..

Date:

20..

20..

20..

20..

20..

Date:

20..

20..

20..

20..

20..

Date:

20..

20..

20..

20..

20..

Date:

20..

20..

20..

20..

20..

Date:

20..

20..

20..

20..

20..

Date:

20..

20..

20..

20..

20..

Date:

20..

20..

20..

20..

20..

Date:

20..

20..

20..

20..

20..

Date:

20..

20..

20..

20..

20..

Date:

20..

20..

20..

20..

20..

Date:

20..

20..

20..

20..

20..

Date:

20..

20..

20..

20..

20..

Date:

20..

20..

20..

20..

20..

Date:

20..

20..

20..

20..

20..

Date:

20..

20..

20..

20..

20..

Date:

20..

20..

20..

20..

20..

Date:

20..

20..

20..

20..

20..

Date:

20..

20..

20..

20..

20..

Date:

20..

20..

20..

20..

20..

Date:

20..

20..

20..

20..

20..

Date:

20..

20..

20..

20..

20..

Date:

20..

20..

20..

20..

20..

Date:

20..

20..

20..

20..

20..

Date:

20..

20..

20..

20..

20..

Date:

20..

20..

20..

20..

20..

Date:

20..

20..

20..

20..

20..

Date:

20..

20..

20..

20..

20..

Date:

20..

20..

20..

20..

20..

Date:

20..

20..

20..

20..

20..

Date:

20..

20..

20..

20..

20..

Date:

20..

20..

20..

20..

20..

Date:

20..

20..

20..

20..

20..

Date:

20..

20..

20..

20..

20..

Date:

20..

20..

20..

20..

20..

Date:

20..

20..

20..

20..

20..

Date:

20..

20..

20..

20..

20..

Date:

20..

20..

20..

20..

20..

Date:

20..

20..

20..

20..

20..

Date:

20..

20..

20..

20..

20..

Date:

20..

20..

20..

20..

20..

Date:

20..

20..

20..

20..

20..

Date:

20..

20..

20..

20..

20..

Date:

20..

20..

20..

20..

20..

Date:

20..

20..

20..

20..

20..

Date:

20..

20..

20..

20..

20..

Date:

20..

20..

20..

20..

20..

Date:

20..

20..

20..

20..

20..

Date:

20..

20..

20..

20..

20..

Date:

20..

20..

20..

20..

20..

Date:

20..

20..

20..

20..

20..

Date:

20..

20..

20..

20..

20..

Date:

20..

20..

20..

20..

20..

Date:

20..

20..

20..

20..

20..

Date:

20..

20..

20..

20..

20..

Date:

20..

20..

20..

20..

20..

Date:

20..

20..

20..

20..

20..

Date:

20..

20..

20..

20..

20..

Date:

20..

20..

20..

20..

20..

Date:

20..

20..

20..

20..

20..

Date:

20..

20..

20..

20..

20..

Date:

20..

20..

20..

20..

20..

Date:

20..

20..

20..

20..

20..

Date:

20..

20..

20..

20..

20..

Date:

20..

20..

20..

20..

20..

Date:

20..

20..

20..

20..

20..

Made in the USA
Columbia, SC
15 December 2024

49419934R00061